地道面馆不传宝典　美味面条上手秘笈

乔正道·著　铁军·摄　李白·绘

四川科学技术出版社

图书在版编目（CIP）数据

真的好巧 / 乔正道著 . -- 成都 : 四川科学技术出版社 , 2019.5

ISBN 978-7-5364-9460-2

Ⅰ . ①真… Ⅱ . ①乔… Ⅲ . ①面食－餐馆－介绍－西南地区 Ⅳ . ① F726.93

中国版本图书馆 CIP 数据核字 (2019) 第 087744 号

真的好巧
ZHENDE HAOQIAO

乔正道·著　　铁军·摄　　李白·绘

出 品 人	钱丹凝
责任编辑	程蓉伟
封面设计	李　白
版式设计	李　白
插　　图	李　白
责任印刷	欧晓春
出版发行	四川科学技术出版社 （成都市槐树街 2 号）
成品尺寸	170mm × 240mm
印　张	12
印　刷	四川盛图彩色印刷有限公司
版　次	2019 年 6 月第 1 版
印　次	2019 年 6 月第 1 次印刷
书　号	ISBN 978-7-5364-9460-2
定　价	37.80 元

用心，也是因为地道

确实是"巧"

高仕俊（统一企业西南品牌管理中心总经理）

拿到这本书稿，乍看之下，还以为就是普通的无厘头幽默搞笑四格漫画，不过是将所有的场景故事都围绕着一家名叫"巧面馆"的面馆展开罢了……但细品之后才发现，滋味真的是巧到令人拍案叫绝，会心一笑之间慢慢产生共鸣——对啊，这才该是我心中最期盼的那家"巧"！

在我内心深处，一直固执地认定：一家能够抓住食客的胃，还能抓住食客的心的面馆，必须拥有一个泼辣爽直、心细如发、豪气干云，并且还处处透着双商爆表的老板娘，一颦一笑之间，着实让人心里舒坦。就像现代京剧《沙家浜》"春来茶馆"里的阿庆嫂，又像是《武林外传》里"同福客栈"的佟湘玉，在精明能干与风情万种的角色之间不断切换。

有了这么一个懂经营方略，会人情世故，还能撩人心扉的高颜值老板娘，当然还得给她配上一个表面木讷却不失心思灵活；神情专注却又能匠心巧运的老公，专门负责后厨一应琐事和地道美味的完美呈现，让老板娘能够在坚强后盾的支撑、保护下，站到前台呼风唤雨地尽情表现。能够持续抓住食客的面馆，其最佳的组合方式就是夫妻档，男的负责美味之道；女的负责经营之道。

很开心作者完美地体现了我的这个内心设定。

在全稿七十个小故事中，还藏着许多令人回味无穷的惊喜彩蛋：像什么美女面托儿经营术，"双11"创意发散术，美味跨界借鉴术，紧跟趋势变通术……幽默、搞笑，又会让人醍醐灌顶：原来经营一家面馆居然可以这么巧！尤其是对那些正在经营面馆和准备开面馆创业的人而言，更有不少亮点和思路可以借鉴。在原来品质好、信用好、服务好、价钱公道的核心经营理念之外，又填充了思路巧、经营妙等全新元素，其倡导的价值观，对全社会而言，都是可圈可点的"正念善行"。

反反复复细品这七十组漫画，其经营之道与人性之间的趣味激荡，让人过目难忘。而这种属于新次元的Q萌漫画幽默表现方式，更是讲故事的全新手段，与这本书的姐妹篇——《我有一家巧面馆》中那些娓娓道来的经营故事相比，更是巧妙地浓缩了故事的精华，让人会心一笑之后再慢慢化开，巧滋巧味巧面馆，的确真的好巧啊！

如果非得要给这部作品挑个刺儿、找个茬儿，那就是除了可爱的老板、老板娘之外，尚缺一个鲜明的"小二"形象来让全书故事更丰满。

不过，其中赠送的几十家地道美味面馆实用资讯的大福利，已经让内容非常丰满了，谢谢作者这么用心。统一企业也将一如既往地坚持"来自民间，反哺社会"的创味之道，为大众奉上更多"三好一公道"的美味产品。

2019年2月

目录

目录

张记担担面

"张记担担面"开在成华区永年村61组1栋这边好多年了，到店很多都是老顾客，在等上面的间隙中，听阿姨们说这家味道真心不错，这么多年味道一直没变，特别是他家的担担面，红油做底，酱料浓郁。

　　面端上来后，趁热将碗底的酱料与面条拌匀，让酱料裹上每一根面条。入口后，面条筋道有嚼劲，辣得过瘾，麻得极爽，让人一口气吃完都不在话下。

特色推荐
担担面

四川省成都市成华区
永年村61组1栋附1号

老邓小吃
酸辣饺面馆

饺面是当地的特色小吃。顾名思义便是把饺子与面一同入锅煮熟。该店已经开了有四五年。虽然店面略显简陋，但地道的味道却非常靠谱，所以生意一直兴隆，周边的回头客颇多。尽管只是简单地将饺子和面条一起下锅，但正是这种简单的搭配，不料却给人带来了完全不一样的口感。面条采用的是细面，能将饺子很好地包裹，令面与馅的比例更加均衡。胡椒粉和酸辣味对于饺子也是鲜有运用的配置，能让汤饺多了些干拌的鲜香。

云南省昭通市昭阳区
龙泉街道小北门街 67 号

汇东担担

炒菜　凉菜　烧菜　豆花

汇东担担面

"汇东担担面"这家老字号在自贡已有28年的历史，他们厨师妙在可以把很多的调味原料组合在一起，既和谐统一，又一味衬一味，一味更比一味好。

　　炒好面臊，放好调料，就可以开始煮面了。面条煮熟后，捞入已调好味的碗中，撒上少许的面臊就可以了。要记住担担面的特点，面条滑爽、面臊酥香、咸鲜微辣，芽菜香味浓郁。

特色推荐
担担牛肉面

四川省自贡市高新区
春华路14号

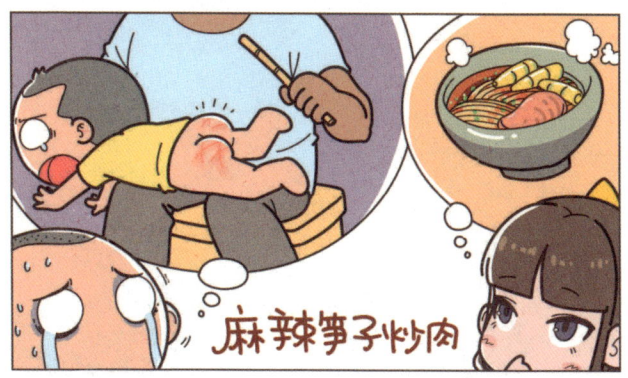

搭个灶面

看到"搭个灶面"这个名字，不禁让我想起小时候围着灶台转悠，就只为了能吃到新鲜出锅的美食，心里不由得多了一份情愫。进门处的吆喝形象、面条浮雕都让人觉得这是一个有自己独特文化的重庆小面品牌。整个店面的装修很有特色，老重庆的浮雕、桌上的绿植、木质的隔断，仿佛都在告诉来往的食客，每天都是令人元气满满的一天。相较于重庆街头巷尾的美食文化，这里不仅仅是多了一些别样的精致。牛肉面是这家的招牌，牛肉肉质紧扎，有嚼劲，十分入味；面条白细，与调味料结合得恰到好处，这是属于重庆这座山城的味道。

特色推荐
牛肉面

重庆市渝北区
宝圣大道圣果北路附近

14

青年创业项目投资评估说明会

在这个移动互联网PLUS的时代，我们必须有移动的创业思维

青年创业项目投资评估说明会

让传统的、不能移动的东西移动起来，就能够产生红利

赞许 赞许

移动面馆

青年创业项目投资评估说明会

我今天带来的项目是"移动的地道美味面馆"

期待 期待

泡面拌面！
随时随地！
想吃就吃！

......

15

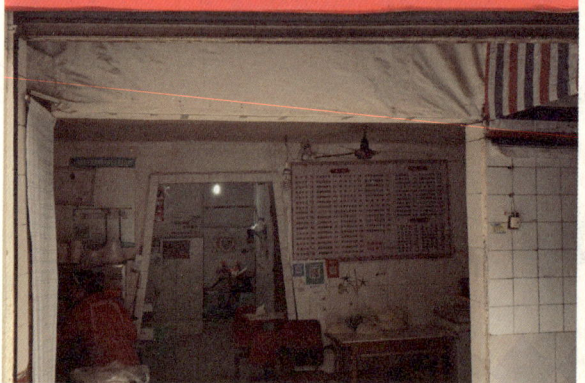

特色鸡婆头

主营：鸡婆头 刀削面 面条 饺子 抄手 水粉 炒饭 盖饭 电话：

特色鸡婆头

"特色鸡婆头"，名字很有趣。大概意思就是，以前妇女头上会捆一条宽宽的头巾，与面条很像，后来人们就将这种与妇女头巾很相似的面叫做"鸡婆头"。

点一碗招牌鸡婆头，看老板从一盆面团里揪出一坨来，拉扯成两指宽的面条，竟有点铺盖面的意思，扯到十几厘米的半透明状，然后将面条随手丢入锅中。整个流程想来老板每天都要重复几百上千遍，十分流畅，一气呵成。原汤打底加上软糯入味的海带和豌豆，还是非常值得一试的。

四川省自贡市自流井区
天花井路13号

崇州余荞面

这家店在这里经营了 16 年，算上之前在成都青石桥的 22 年，共 38 年。荞面作为粗粮很有营养，产自四川高寒地区的荞麦非常适合做地道的荞面，因为荞麦的特性，面虽不像小麦面那么具有韧性和筋道，但却独具一番风味。他们家的臊子是笋子烧牛肉，有点麻辣，汤鲜且浓郁。菌汤鲜美，牛杂筋道。拌面和汤面滋味各不相同，搭配叶儿粑和糖油果子这类小吃，吃起来更过瘾。

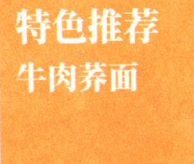

特色推荐
牛肉荞面

四川省成都市锦江区
纯阳观街 19 号

小安私房面

成都是吃货心中的天堂，有"世界美食之都"之称，面食文化历史悠久，品味繁多，丝毫不逊于北方。小安世家三代传承，始创于20世纪60年代，店名"香泽厨"，位于成都三洞桥一带，专注制面至今已五十余年。

"小安私房面"秉承老成都面食传统工艺，精于成都面食老三样：红烧牛肉面，宽汤原汁，臊子入口即化，香味醇厚；素椒杂酱面，红油香而不辣，臊子油而不腻；特色海味面：汤汁乳白浓郁，入口奇鲜无比而不失厚重。小安私房面，选材严格优质，烹制工艺传统。小安私房面，一碗从小吃到大的成都老味面。

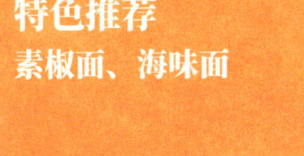

特色推荐
素椒面、海味面

四川省成都市锦江区
龙舟南街73号

23

华锋面庄

电话:13558963782

身处林荫小巷，人气却有增无减。"华锋面庄"吸引顾客的秘诀，就在那始终如一的美味体验。从面庄开业到现在整整13年。招牌是生椒牛肉面，颜色鲜艳的红色小米椒，看着就让人胃口大开，空气中弥漫着牛肉独有的香气，还没端上桌就已经令人口舌生津了，华锋面庄一直用美味征服人心！

四川省宜宾市翠屏区
岳武里50号

特色推荐
生椒牛肉面

铜豌豆

喜辣的人一定不要错过杨家坪这家"铜豌豆"。店面装修富有格调，木质隔断让人更加喜欢这里的用餐环境。点一份招牌红辣炝锅面，每一份的分量都超级足，闻起就很辣，就算喝上两瓶饮料，还是无法解辣却欲罢不能。猪心、猪舌炒的料，一点腥味都没有，味道巴适。小米辣的辣度很高，吃两口就冒汗，可以说是嗜辣者的最爱。

特色推荐
炝锅面

重庆市九龙坡区
珠江路 48 号西城天街附近

其实我是可以用普通面条演绎出高雅艺术的文艺工作者,请欣赏《地道美味交响曲》

你们以为我只是一个和面、下面、煮面、捞面的面馆经营从业者么?大错特错!

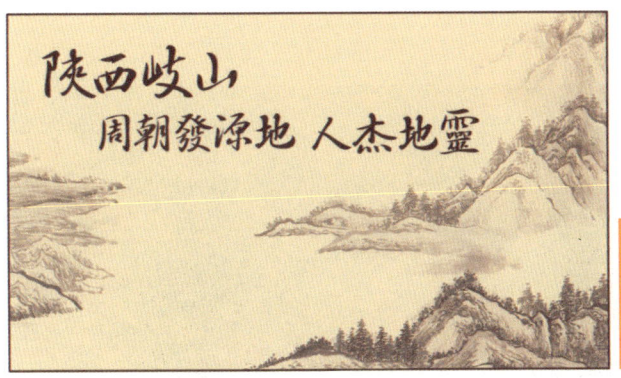

表哥面馆

"表哥面馆"以糊辣壳面为主要特色。糊辣壳面是采用新鲜黄牛肉，秘制原汤，配以香辣手搓辣椒组合而成。手工土家面，高汤融入面质，醇厚口感，入味爽口。无论主食，还是配料食材，每一环节都精心烹制出炉，让顾客吃得健康、卫生、舒服，平价消费享受高质量的服务和品质。在"表哥面馆"里也能吃到几分家的感觉！

　　还有就是，老板娘也太美了吧！！！

特色推荐
糊辣壳面

贵州省遵义市红花岗区
碧云路中信银行上行 10 米

造么　首页　发现　话题　　　　🔍　　提问

面条　成都小吃　地道美味　担担面

担担面为什么排第一？

成都小吃顺口溜第一句是："担担面，叶儿粑，麻婆豆腐人人夸"。担担面是成都排名第一的小吃么？

关注问题　✎写回答　　●10条评论　▼分享　★邀请回答

Tr
大银河宇宙No. 1吃货

654人赞同了该回答

谢邀！担担面是过去成都街头小摊贩们挑着担子沿街叫卖的一种面条，因而得名。担担面是成都小吃中的代表性美食，2013年，担担面入选中国商务部、中国饭店协会首次评选的"中国十大名面条"。因此，称其为成都排名第一的小吃也没什么问题。

编辑于 2018-5-8

▲654　▼　　●15条评论　▼分享　邀请回答　♥感谢 …

猪肉臊增鲜
葱花提色
红油打底
芽菜提味
花生碎提香

编辑于 2018-5-8

▲572　▼　　●34条评论　▼分享　★邀请回答　♥感谢 …

嘿！做叶儿粑的老头儿和卖豆腐的麻婆哪有我家祖上走街串巷卖面见过的世面多，一开始就知道用顺口溜来抢占心智，霸占江湖地位。

自问自答中

35

脑花面

"脑花面"开在寸土寸金的成都"太古里"商业圈里面。虽然店面不大，但即便是过了饭点儿，人气依旧很旺。这家店盛面的器具比较有特色，是用 20 世纪 80 年代喝水的那种搪瓷盅盅，盅盖儿上盛有小米椒、香菜等让食客自己选用。面是棍棍面，干辣椒熬的油辣子非但不油腻，反而很香，加上芝麻、香菜、小米辣，味道相当巴适。臊子就是半副脑花的分量，处理得干干净净，细腻鲜嫩，香鲜味足。

特色推荐
脑花面

四川省成都市锦江区
太古里东糠市街 3-12 号

面仆小馆

"面仆小馆"的老板夫妻俩是地道的福建人，在昆明开重庆面馆，一切都是因为老板自己爱吃重庆小面，索性就自己开了一家。

进店便是扑面的热情与香气，秘制汤底，选料考究，汤料的大骨头和牛肉更是熬制了足足八小时，搭配时令蔬菜，古方还原，给身在昆明的"川渝胃"带来了一碗正宗的重庆小面。

重庆面条的灵魂是作料，将麻辣鲜香的风味注入面条，令食客难以忘怀。葱、蒜、酱油、醋、辣椒可根据个人口味自行调配，豌豆自是必不可少的，再加上秘制的瓦罐牛肉、肥肠、炸酱皆可自选作为浇头。独特的口感，捧起瓦罐喝口汤都是满满的幸福。

特色推荐
瓦罐牛肉面

云南省昆明市
宝善街银三角 A 座 201 号

温柔燃情面

也乎面馆

"也乎面馆"的老板赵玉学原来在公司做高管，因为妻子酷爱吃烫菜和面条，于是辞职开起了馆子。

　　除了妻子喜欢的烫菜馆之外，他在面馆上也倾尽了自己的感情。店里的招牌是"妈妈的汤面"和"爸爸的拌面"，听名字就很温馨，尤其是汤面，入口就是家常的味道，让人禁不住想家，想起妈妈做的面条。他们家的面条不同于常见的"棍棍面"，而是韭菜叶的宽度，吃起来顺滑入味。

　　"爸爸的拌面"里佐料丰富，花生碎、折耳根、榨菜、小葱、肉丁、芝麻、辣椒混合拌匀裹入面中，这就是家的幸福味道了。

特色推荐
爸爸的拌面
妈妈的汤面

贵州省贵阳市云岩区
延安东路 97 号

功夫

葵花点穴手

以出神入化之滋味点眼睛，
点鼻子，点味蕾，点到眼冒
爱心，口水滴答方算到位。

排山倒海掌

以面若桃花之笑脸，软语温
情抚慰来客，让他们招架不
住色、香、味、形的诱惑。

45

46

仇婆抄手

"仇婆抄手"是一家在重庆小面里为数不多讲究装修和环境的店，在同业里算是一个另类。"仇婆抄手"的店面装饰得很有意思，桌子玻璃底下是怀旧风格的旧磁带；黑板墙上画着可爱的涂鸦。这种既可爱，又有年代感的小店，很有亲和力，人气爆棚也很自然。

　　除了装修出彩，面也与别家有很大的不同，肉臊不是主力，独树一帜的是蔬菜面，菜汁面条和溏心蛋的绿黄搭配干净清爽，与店面小清新的装潢十分合拍。他们家的米花糖溏心蛋泡开水，浓郁的桂花蜂蜜和米花糖、溏心蛋交织在一起，口感细腻绵柔，香甜可口，味道让人着实迷恋，满溢童年的滋味。

特色推荐
蔬菜面

重庆市沙坪坝区
广电大厦（人民医院西）

丁记
田间鳝鱼面

这家"丁记田间鳝鱼面"，是当地人非常推崇的一家以鳝鱼为主要浇头的面馆。店家主打野生鳝鱼，通过精细的选料来保证地道的口味。炒料师傅年纪不大，为人和善，却对传统风味有着独到的理解。鳝鱼烹制的火候拿捏得相当精确，在成熟入味的同时，又保留了一定的韧性。配料中还添加了魔芋、香花菜、竹荪，使其有一种独特的香味，食罢唇齿留香。

特色推荐
鳝鱼面

云南省玉溪市红塔区
下戴井 1 队 6 幢

巧滋巧味

开半天
猪耳朵面

　　"开半天猪耳朵面"是一家开了40年
的老店，爷孙传三代了。来来往往的大都是
老客户，时不时就会碰到一些阿姨、叔叔热
情地诉说着拌猪耳朵的精华所在，又薄又脆，
透亮开胃，味道非常惊艳。吃面时常常有将
猪耳朵打包带走的客人，可见是真的好吃了。
面分干拌和汤面两种，与拌猪耳朵相得益彰，
所以人气一直很旺。

特色推荐
红油杂酱面
红油猪耳朵

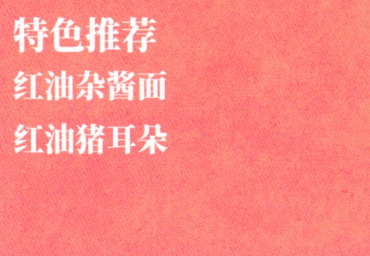

重庆市渝中区
长江二路153附1-3号
(近马家堡人行天桥往大坪方
向20米处)

李兰英胖姨妈
湖南粉面店

开了 30 年的"李兰英胖姨妈湖南粉面店"，是贵阳最出名的一家湖南粉面店。虽说叫湖南粉面，却是只有在贵阳才能吃到的味道。只要是在饭点儿时候去，没有哪次是不排队的。他家的面讲究的是麦香，纯手工擀制的鸡蛋面，汤是筒子骨熬的，汤鲜味浓，全瘦的肉丁软嫩入味，再放点胡椒面、滴点醋，瞬间暖胃回血。一碗简单的面，喜欢的话也可以加上猪蹄、煎蛋或是三角豆腐，虽只是一碗面，也已然是相当丰盛的一餐了。

特色推荐
湖南粉面

贵州省贵阳市南明区
护国路 151 号

南桦园卤面

"南桦园卤面"也是开了很久的老店，一直秉承着正宗昆明卤面的味道，饭点儿去的时候，来自各处的食客纷纷涌入，大有挤爆小店的架势。店家的卤面在昆明很出名，还上过洋气的"猫途鹰"推荐。店里提供牛肉、肥肠、焖肉、杂酱等各种加冒以供选择，加了冒以后，简直是午餐里的战斗机！

店里的招牌是番茄肉酱卤面，在昆明卤面味型中独树一帜，口感酸爽鲜香，推荐品尝。

云南省昆明市盘龙区
白塔路 126 号

学海无涯
"巧"作舟

糊辣壳面

　　这家"糊辣壳面"的店老板是重庆人，年少时就独自一人闯荡贵州，目前已在遵义待了二十多年。他家的面除了特有的重庆口味，另外还加入了独家秘制的糊辣壳（采用本地辣椒秘制，有点像干红辣椒用油炸脆后剁碎制成的），由此形成了自家的特色。说到"糊辣壳面"，第一印象就是两个字：真香！首先感受到的是干辣椒加上糊辣壳油爆之后的干香。拌着当地的特色赤水晒醋，收口是温润、清冽的清香，味道相当出彩。往往风卷残云之后才能反应过来——嘴巴周围已经被炒料激得辣呼呼的了，过瘾！

特色推荐
糊辣壳面

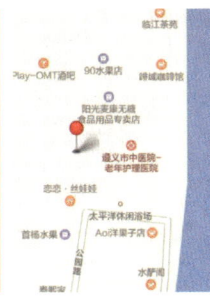

贵州省遵义市红花岗区公园路48号

63

64

非常配

嗨！燃面

"嗨！燃面"传承于店主的父亲邓正庆，而父亲则师从"非遗燃面传承人"曹祉清。两位长者，都是著名的中国烹饪大师，他们用数十年的光阴传承、守护着一碗传统而地道的燃面。像曹老一样，学会坚强的那一面；像父亲一样，学会热爱的那一面。"嗨！燃面"历经三代传承，同时结合自己大胆而细致的创新，打造一碗川味燃面，是老板邓全翔的创业理想。

走进店里就能感受到这种氛围，明档的厨房，设计明亮、整洁，在传统宜宾燃面的环境里独树一帜。

在燃面产品的开发上，"嗨！燃面"除了宜宾特色的燃面之外，更有荤燃面、姜鸭燃面、京酱燃面、肥肠燃面等多种口味可供选择。

在传统中兼有创新，将宜宾燃面带向世界，祝愿这个 80 后的老板能梦想成真。

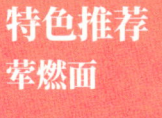

特色推荐
荤燃面

四川省宜宾市叙州区
南丝绸路 6 号附 3 号

正宗武胜猪肝面
特色麻哥面
武胜总店南充一分店

正宗
武胜猪肝面
特色麻哥面

本店虽然任性，中午 12 点才开门，但是一天卖二三十公斤面也是轻轻松松，直至晚上 9 点，食客依然络绎不绝，霓虹般的招牌带给人满满的社会感，地气十足。在农科巷开了六七年了，麻哥面确实不错。这麻哥面名字奇怪，吃法也讲究。第一次来吃还不太明白，老板娘看着着急，怕我吃得味道不够正宗，结果亲自给我拌面，还叮嘱我一定要这样吃才好吃。虽然老板和老板娘两夫妻戴着社会气息爆炸的大金链子，然而美食终归还是要以德服人、以面服人。

特色推荐
武胜猪肝面
特色麻哥面

四川省南充市顺庆区
农科巷 55 号

眼哥面馆

"眼哥面馆"在绵阳可以说是小有名气，分店也是开了一家又一家。历尽千辛万苦，终于找到这家知名面馆中最出名的那家门店，就在新世界百货斜对面，中午人非常多。"耿直"在四川是再怎么做都让人绝不嫌多的特殊标签，面的分量就是要大。豌豆、杂酱、小葱和蔬菜的组合堪称完美，豌豆煮得很糯，入味；牛肉松软不柴，口齿留香，加入芝麻、花生碎，令香气更加浓郁。整体看着油腻，实则不辣不燥，面有点像粉，配着可口汤汁，让人一下记住了"眼哥"，还有"眼哥"的那碗面。

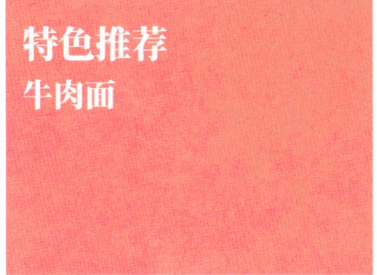

特色推荐
牛肉面

四川省绵阳市涪城区
富乐路7-5号
（新世界百货斜对面）

请上二楼

王记 鸡 杂 面

电话：2438

王记鸡杂面

"王记鸡杂面"是一家开了很多年的老字号，招牌鸡杂面，是周围居民最深刻的味觉记忆，难舍难离，所以经常光顾。外地人过来打卡，也十分推崇这里的鸡杂面，一碗面下肚，顿时让人对这个城市又生出了几分亲切感。鸡杂挟裹着木耳、泡椒，把一根根朴素的面条，打造出不凡的味道。诱人的香气、入口的酸辣刺激着嗅觉和味觉的感知，无论是鸡杂，还是面条都十分入味，老板很舍得放油，但却并不影响口感，高级！

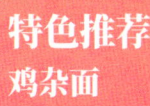

特色推荐
鸡杂面

四川省乐山市
嘉定北路宜必思酒店正对面

渣哥鸡杂面

"渣哥鸡杂面"的招牌当然是鸡杂面，老板会在每天清早5点钟准时到旁边的菜市场买到当天的新鲜鸡杂，处理干净后再加上各味调料一起送入锅中，大火煮开后慢煨两个小时，早上7点，这锅鸡杂准时煮好，迎接馆子的第一批客人。

　　鸡杂入口脆香浓郁，拌上汤汁，裹着臊子送入口中，所有元气都会补足。

　　想要吃这口美味的可要赶早了，"渣哥鸡杂面"只营业到下午两点，去晚了可就没有啦。

特色推荐
鸡杂面

四川省自贡市自流井区
龙汇北街 279 号

耍耍面

"耍耍面"是网上有名的一家店，曾有娱乐明星慕名而来，店里还挂满了曾经收获的各种荣誉。除了个别明星客人，这里更是周边群众过来日常打卡的地方，即使过了饭点儿，还有不少人过来吃、吃、吃。秘制牛肉面是本店的重头戏，牛肉虽然只有两坨，但每一坨的分量都非常扎实，经香料浸润之后口感满满。还有优秀的酸菜肉丝面，肉丝分量够多、酸菜味道够爽，哪种选择都不会让人失望，让人常想来耍耍、吃吃。

特色推荐
秘制牛肉面

重庆市渝北区
新牌坊一路 4 号

摇红包

打劫

味香园贵阳
老字号肠旺面

这家店是贵阳肠旺面界的金字招牌，频繁登上各大美食推荐榜，生意自然是好得不必说。兴隆的生意保证了每天食材的绝对新鲜，对于血旺、肥肠之类的食材，这是绝对的加分项。特别值得一提的是这里的"软臊"，相当于脆臊干、脆的口感，软臊反其道而行之，走的是温婉、柔润的路线。将软糯化渣的肉粒、吸饱汤汁的香菇、绵软适度的肥肠、入口即化的血旺整合在一起，一同塑造了"软臊"的个性。手工无水鸡蛋面，比常规的水面更润滑，更适合与"软臊"搭档。

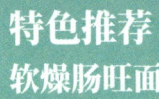

特色推荐
软臊肠旺面

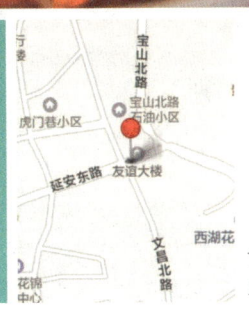

贵州省贵阳市云岩区
文昌北路 160 号

森三拉面

"森三拉面"是当地的一家网
红打卡店，从门面装潢到器具摆设
都是典型的日式风格。墙上还记载
着店主追求梦想的故事。上好的汤
头和考究的面条制作是该店的核心
追求。面条的味型和烹饪手法都很
日式，比如豚骨拉面、博多豚骨拉
面、黑泽拉面、炎魔拉面、冲绳猪
软骨拉面、冬阴功大虾拉面等。汤
头味道浓郁、分量十足，略辣，芝麻、
玉米、海带丝、海苔、肉片组合登场，
面条富有弹性，软硬适中，既可暖
胃，还可暖心，值！

特色推荐
赤魂拉面

云南省昆明市五华区
南强街 58 号

豌杂的由来

这才叫巧

古道传奇

"古道传奇"的店称和店面装修都透着一股文艺风格和民族气息，老板长发飘飘，相当文艺范儿。地道的古典装饰中蕴含着不少时尚感。本店的手工鸡丝打卤面，鸡丝分量充足，加入酸菜、辣椒酱、花生粉之后，复合风味完美结合。面条为手工制作，极具弹性，用作凉食的拌面更是一级棒。如果再来一份用西瓜、椰果、芒果、红糖水制成的特色凉米糕，那么，恭喜您已经发现了手工鸡丝打卤面的绝配。

特色推荐
手工鸡丝打卤面

云南省玉溪市红塔区
人民路 56 号

地主之谊

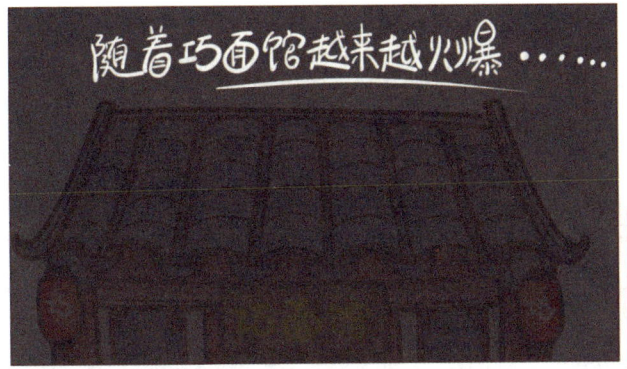

随着巧面馆越来越火爆……

前来取经的人纷至沓来……

然后……
巧面馆旁边就多了好多亲戚

汉族

添一家

添一家

"添一家"以云南本地特色的酸辣味为主打，以前开在南门，目前已在这里开了十来年，前前后后总共经营了三十余年。多年的开店经验，再加上在传统口味基础上的不断改良，才形成了现在的味道。杂酱的酸辣是以云南人的偏好为标准而精心调制的，还加了些许胡椒粉。云南面食对酸汤的讲究向来让外地人耳目一新，与四川、重庆乐于使用泡椒的酸辣比起来完全不一样，云南更加突出了酸味上的亚热带风情，喜欢吃酸的朋友值得尝试。

特色推荐
酸辣面

云南省昭通市昭阳区
启文街 78 号
（启文街和建设南街交叉口）

老本行面馆

"老本行面馆"可能是乐山营业时间最长的面馆了，招牌上"通宵营业"四个字不知慰藉了多少夜归人的心。老板七娘从粮食局食堂转业后开了这家店，后来由于七娘身体不好，老板就继承下来了，味道可是真传。这家的特色鸳鸯面是常见的杂酱和白杂搭配而成。白色的杂酱颇为鲜见，是由鸡蛋、瘦肉辅以老板的秘制调料烹制而成，味道很是奇妙。

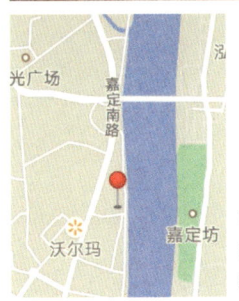

四川省乐山市市中区油榨街17号（沃尔玛对面靠近河边）

特色推荐
鸳鸯面

莽妹子
023 特色面

"荞妹子023特色面"开在渝中区大坪支路，干拌豌豆杂酱面是店家的主打产品，豌豆做得很软糯，杂酱看一眼就令人想食指大动，拌面时香气袭人。面是定做的，弹性大、口感筋道，拌匀后来一口，满口留香，配一小碗面汤下肚，满足感十分。果然，真正的重庆味道就隐藏在不起眼的大街小巷里。

特色推荐
豌豆杂酱面

重庆市渝中区
大坪正街19号
（英利·大融城附近）

全味面馆

"全味面馆"在成都是一家资格的老面馆，周边环境多年不变，媒体经常报道，是典型的地道美味型"苍蝇馆子"。鳝鱼面和烧肉面是店家的看家招牌。这家陪伴成都人十多年的面馆，味道一如既往，全凭老板对地道传统的坚定秉持。他家是敞亮的大碗面风格，面条是成都家常的棍棍面，调味主打鲜咸，浇头种类繁多，如肥肠、牛肉、鳝鱼、烧肉、鸡杂等。他家的泡菜也值得一提，鲜嫩、脆爽、咸甜适中，加上老板炼制红油的功夫深厚，一大口面进嘴，再夹上一块泡菜，嗯……过瘾！

特色推荐
鳝鱼面

四川省成都市成华区
一环路东三段3号附1号
（近水碾河路口娇子音乐厅）

一味长
养生蔬菜面

"一味长养生蔬菜面馆"自2015年7月开业到现在，已经3年多了。蔬菜面采用菠菜、胡萝卜汁和小麦粉加工而成！菠菜面具有美容养颜、抗衰老的功能，适合爱美人士；胡萝卜面能增强抵抗力、降糖、降脂、明目和利膈宽肠，适合办公人士。每碗面配有鹌鹑蛋，营养美味，好吃不贵。

特色推荐
蔬菜面

四川省成都市成华区
培华东路 2 号附 6 号

111

特色木耳面

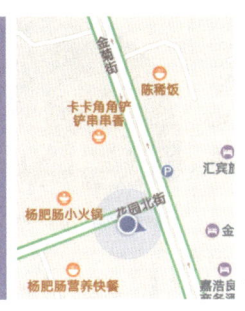

　　"特色木耳面"既然以木耳面冠名，木耳当然是老板的终极武器。将木耳切丝放入面中，用木耳的爽脆配合面条的柔韧、筋道，使得口感更加富有层次，加入其他臊子之后，口味更加丰富。木耳丝配着肥肠、兔丁，这样搭配起来，油而不腻，而且非常入味。面条是老板自己做的，口感跟市面上卖的棍棍面不一样，吃起来很筋道，加入的芝麻也很香。敢用木耳面当招牌，可见店家真的很有底气！

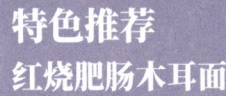

特色推荐
红烧肥肠木耳面

四川省绵阳市涪城区
金菊街 11 号

114

命运的安排

115

徐长生长生面

在自贡不得不提的一家面馆就是"徐长生长生面"，那是相当有名，从 1997 年开到现在，早上 8 点到 10 点的时候生意爆好，能排起长长的车队。店老板两夫妻从摆面摊开始起步，发展到如今众人皆知的面馆。抛开重口味的麻辣不说，单讲一下长生面的构成，配料肯定是其中的关键，浓郁的鸡汤配上白果、当归、党参等几味用于调理的中药材，从选料到味道都彰显着"长生"的理念。药材的本味和鸡肉的鲜美配合得恰到好处，由此可见，长生面并非浪得虚名。

特色推荐
长生面

四川省自贡市大安区
红旗路 114 号（大安邮局对面）

小唐面庄

"小唐面庄"店面不大,小而低调,只有一个简单的招牌。这家店原来是老板的阿姨开的,因为阿姨年纪大了,现在的老板便把店接了下来,传承了阿姨的地道手艺和配料秘方,还加入了自己的独特创新,一直做到现在。这家的招牌面是豌杂加牛肉或加肥肠,料足,看起就很有食欲。此外,你也可以试试他家的牛筋面,牛筋很软,辣子很香,小面味道也不错。营业时间从早上6点开到下午3点,要去吃的朋友们就得看准时间,晚去就没戏了。

特色推荐
牛肉 / 肥肠 / 豌杂
三合一

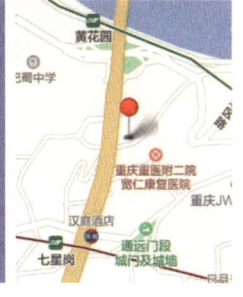

重庆市渝中区
华一路17号（一号桥协信公馆
上行200米）

名香园肠旺面

"名香园肠旺面"在贵阳"九中"附近开了三十多年，是很多当地人学生时代的记忆美食。早年，店家专程去大南门的师傅那里学来了手艺，并将其发扬光大。能做到今天，就在于店家从面条到原料、浇头的选料都有自己的讲究；鸡蛋也是订购每日送来的鲜货，面条做得很有韧性、不吸汤。这家面的浇头不加任何香料，只独独保有筒子骨的骨汤醇香。血旺是自己加工，每天现接猪血，讲究的就是一个新鲜，有生的，也有烫好的，都可以现点，所以你会吃到别样的血旺。大肠处理得非常干净，没有一丝腥气，堪称名符其实的"名香园"。

特色推荐
肠旺面

贵州省贵阳市南明区
新华社服务中心新华路 56 号

焕文小吃

"焕文小吃"是一家看上去很不起眼的小店，他家的酸辣红豆面极具特色，丸子肉用料扎实，红豆软糯绵长，酸菜酸度适中，每一种搭配都恰到好处，面条配合酸汤，十分开胃，让人印象深刻。用熬制透烂的豆类辅佐肉食，同时增加口感的层次，是非常经典的烹饪手段，但与常见的豌豆和云豆相比，选用红豆可谓是另辟蹊径，仅需浅尝便能体会到酸汤、红豆辅以碎肉臊的玄妙。

特色推荐
酸辣红豆面

云南省昭通市昭阳区
海楼路 290 号

七阿哥
蜀食殿

"四川蜀食殿餐饮管理有限公司"成立于2017年，是一个具有独特文化及古方秘制风味的全新川式快消类熟食品牌。龙生九子中的第七子狴犴为中华神话传说中正直、忠诚、果敢的传说神兽，店家把食品安全卫生及口味放在第一位，这便是"七阿哥"名字的由来。从店外的装潢到店内的桌椅，甚至客人用餐的餐具、店堂设计，结合黑白主体色调，加之现代色彩艺术搭配，都可以看出店家精心打造的良苦用心。

特色推荐
杂酱面

四川省成都市锦江区
郭家桥北街5号附2号

130

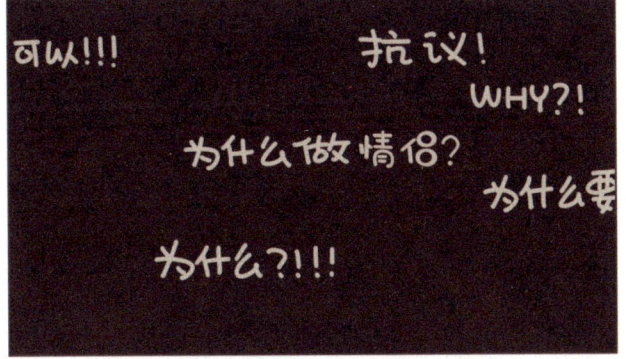

三圣面

同样是一家开了很多年的老店，算是三圣街的招牌小店了。多年累积下来，有一大批忠实的"面粉"。位置就在纱帽街公交站后面，很好找。整个店装修精致，富有格调，其中最令人惊艳的是豇豆素椒面和清汤杂酱面，肉臊咸香可口，全靠师傅凌晨三点过就起来炒料，直到六点开门足足三个小时，让馅料有足够的时间渗透入味，吃到嘴里才会有层次分明的味道，尤其值得推荐的是他家的素椒杂酱面！素椒杂酱面！素椒杂酱面！

特色推荐
素椒杂酱面

四川省成都市锦江区
三圣街70号

渝姐面馆

在绵阳花几天时间走街串巷寻找美食，一定会听到出租车师傅说必须要来这家"渝姐面馆"。一进门，就看到老板挥笔龙飞凤舞，定睛一看，"知足常乐"四个水墨大字映入眼帘。老板一副佛系面孔，令人备感亲切。大喊一声："鸡杂面二两！"泡椒、酸萝卜和鸡杂的搭配简直就是天作之合。热锅现炒的臊子，香气弥漫，萝卜酸味十足，鸡杂酸辣劲爽，分量超级实在。老板人很好，还多才多艺，招呼完客人，空闲期间就在店里泡壶茶，再写上一幅书法，人生应当如此惬意。

特色推荐
泡椒鸡杂面

四川省绵阳市涪城区
南河坝南河路附 28-12 号

罗记
仔姜鸭子面

"罗记仔姜鸭子面"是在乐山人气很旺的一家店。仔姜鸭子面容易让人联想到宜宾燃面馆常有的姜鸭面。姜和鸭子温润的组合特别适合浓烈的口味，加上一碗新鲜的海带汤，鸭肉香辣，软糯弹牙，姜味浓郁，刺激着食客的味蕾；面是细面，浸润着辣乎乎的汤汁，十分入味，喜欢这个口味的小伙伴可不要错过哦！

特色推荐
仔姜鸭子面

四川省乐山市市中区百福路 184 号

140

高胖妹面庄

这家店以前叫"胖妹面庄"，生意火爆起来后便冒出了一堆"李鬼"，可是当初名字没注册，谁都可以打这个招牌，无奈之下，老板只好另注册了"高胖妹面庄"这个商标。为了保证口味的纯正，也没开任何加盟店，正宗只此一家，别无分店。肥肠和牛肉是特色所在，味道均很不错，肥肠打整得很干净，没有任何多余的残油；牛肉是精选的上好肋条骨，切成大块后经过长时间烧至软糯、入味，味道与口感皆无可挑剔。总的来说，色、香、味各个方面都体现出了重庆特色小面的个性。

特色推荐
肥肠面

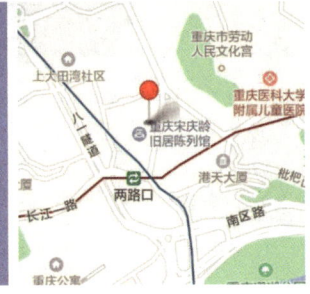

143

重庆市渝中区
中山三路 139 号希尔顿酒店旁
（近"重庆宋庆龄旧居陈列馆"）

学霸在此

龙家猪脚

　　"龙家猪脚"虽然在这个地方开了好几年，但比起那些数十年的老店，也只能算是后起之秀。店面不大，位置在大厦入口的角落里，但这并没影响他的高人气。充满年代感和市井气息的风格，一直都是他家的旗帜。猪蹄很入味，猪蹄汤底色泽红亮，且有些许卤香的味道。历经文火慢烧的精心烹制，让猪蹄的肉质更松软、皮质更软糯、胶质感更显著，配以香浓的汤头，拌面或单吃都十分可口。

重庆市沙坪坝区
天陈路 2 号世源大厦 1 层 A-2

特色推荐
猪脚面

正元面馆

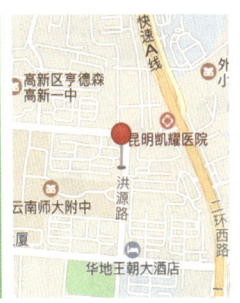

　　"正元面馆"也是一家老店，昆明当地人热情推荐的这家面馆，生意极好，一家店的火爆带动了周围开了好多面馆呢。

　　这家店开店时间超过了20年，招牌牛肉面汤汁清爽、面条筋道、分量超足，是满眼又满胃的存在。店里还兼卖锅盔和羊肉串，这一顿下去不要太幸福哦。

特色推荐
牛肉面

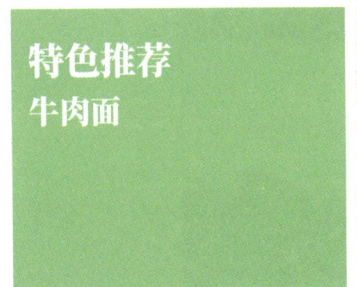

云南省昆明市五华区
高新区南疆花园 12 幢 1 层 5 ~ 6 号

说好的巧搭档呢??

150

151

雷嫂面

"雷嫂面"开了二十来年，伴随周边好几拨孩子长大，是街坊邻居难以忘怀的童年记忆。面馆从早晨开门，一般下午两点之后就早早打烊了，尝鲜必须得趁早。"雷嫂面"只卖两种口味的面，即牛肉面和干臊面，干臊面也就是素椒面，再来一碗冒莲白，那是相当不错的选择。虽然环境相当朴素，但味道确实真心不错，一到中午就有很多人专门开车来吃，生意好得不摆了。

特色推荐
干臊面

四川省成都市金牛区
为民路 30 号

沈堂甜水面

"沈堂"因姓氏而起，甜水面是老成都的传统小吃，属复合味，以辣、香、甜、咸为特色。其面是纯手工揉制，面要经过几揉几醒后揉制成形，面条爽滑绵韧，随秘制配方点睛之笔，一碗甜水面下肚，香辣回甜，牵肠挂肚。

　　其店中的素椒面也秉承了老成都的口味，把面、臊子、豇豆拌匀后透出秘制酱香麻辣味。面条火候精准，筋道十足，臊子香、豇豆脆，回味无穷。

　　最后引用老板的一句话："传统的才是需要传承的"。

特色推荐
甜水面

四川省成都市武侯区
新能巷 2 号附 6 号

华兴街煎蛋面

"华兴煎蛋面"是一家在成都非常出名的面馆，正经的老字号，有着几十年辉煌的战绩，长期叱咤华兴街，早已深得成都人的喜爱，主打的煎蛋面，红色的番茄酸甜可口；金黄色的煎蛋外焦里嫩；绿色的小菜嫩滑爽口。红、黄、绿无缝对接，看一眼就食欲大增。面的口感有点像米粉，番茄煮蓉后跟汤汁融为一体，喝上一口番茄味儿十足的面汤，一天的烦恼都烟消云散，如果还能让你满血归来，那这碗面就超值了。

特色推荐
番茄煎蛋面

四川省成都市锦江区
梓潼桥西街 2 号正成财富 ID 大厦 1 楼

160

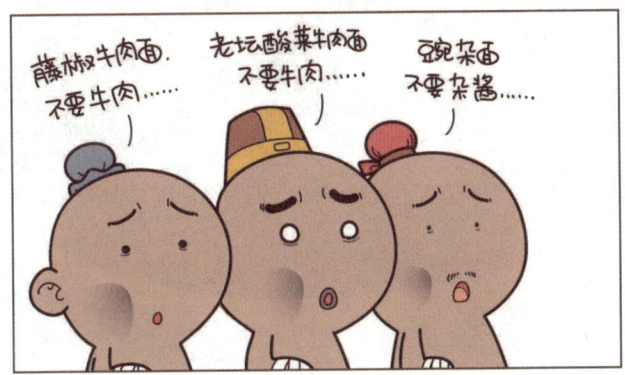

161

薛氏
牛王庙特色面

　　"薛氏牛王庙特色面"也是当地十分出名的一家店，店内主打鳝鱼面和素椒面，鳝鱼臊子经过老板秘方烹饪，香辣软糯，十分入味，配上面条，仿佛身上的每一个毛孔都舒展开来，过瘾！

特色推荐
鳝鱼面、素椒面

四川省成都市武侯区
永丰路 11 号附 1 号

怪味面

在成都，卖怪味面的店家不在少数。只不过这是一家很受当地人欢迎，且有几十年历史的老店。店内的装修风格有点老成都的味道，品味之余，没准还能带着些许回顾往日的情怀。重油、重味是怪味面的特色之一。怪味说怪不怪，主要偏咸鲜风，还要加入大量蒜泥入味，但需要细嚼慢咽之后，才会品出蒜香和盐味，一旦味道释放出来，每一口都有别样的风情。怪与不怪，都全凭滋味体验。

特色推荐
怪味面

四川省成都市武侯区
林荫中街 8 号附 8

张记鳝鱼面

"张记鳝鱼面"古香古色的店堂气息很有年代感，一进门就有让人想大喊一声"小二！"的冲动。菜单像大字报一样贴在墙上，很有范儿。鳝鱼是招牌，不必多说！一碗面大概三两的样子，鳝鱼臊子很扎实，分量超足。店家上面的速度很快，将一段鳝鱼放入早已被勾起无限遐想的嘴中，口感当然不会让人失望！！！鳝鱼糯而不腻，入味Q弹，在这闹市中寻得这一份田间记忆，着实不易！

四川省成都市锦江区
东安南路 17 号 4 单元 1 楼 1 号

特色推荐
鳝鱼面

烧鸡公面馆

烧鸡公面，顾名思义就是鸡肉面。面馆是按夜宵的模式和时间经营的，有别于白日的氛围。南充人夜深时出来稍作休息，弄些卤菜，下二两白酒，再弄上一碗面。食毕，大口喝下面汤，既果腹，又解酒。将带骨的公鸡肉经过长时间的熬煮，入口软糯，轻轻吮吸便可骨肉分离，面条口感类似挂面，干脆，不糊口，是当地出租车司机的最爱，一碗面能解决夜晚的饥饿，也能消除一天的疲惫，让每一天都充满希望。

特色推荐
烧鸡公面

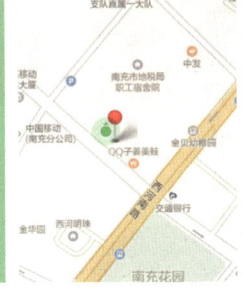

四川省南充市顺庆区
金泉路274号（老公安局旁）

174

 # 我的地道面馆体验记录

 # 我的地道面馆体验记录

 # 我的地道面馆体验记录

 我的地道面馆体验记录

我的地道面馆体验记录

我的地道面馆体验记录

 **我的地道面馆体验记录**

我的地道面馆体验记录